AF227149

PROCÈS

DE M. BERTIN AINE,

GÉRANT RESPONSABLE

DU JOURNAL DES DÉBATS,

ACCUSÉ

D'OFFENSE A LA PERSONNE DU ROI

ET D'ATTAQUE CONTRE SON AUTORITÉ CONSTITUTIONNELLE,

CONTENANT

LE RÉQUISITOIRE DE M. BÉRARD-DESGLAJEUX, AVOCAT-GÉNÉRAL, LE PLAIDOYER ET LA RÉPLIQUE DE M. DUPIN AINÉ, ET L'ARRÊT DE LA COUR ROYALE DE PARIS.

Ire. CHAMBRE CIVILE ET CHAMBRE CORRECTIONNELLE.

(Présidence de M. le premier Président SÉGUIER.)

Audience du 24 décembre 1829.

Extrait de la *Gazette des Tribunaux* du 25 décembre.

Parmi les spectateurs de distinction que cette cause avait attirés, on remarque M. le duc de Montébello, pair de France, M. le général Sébastiani, M. de Montlosier, M. Bertin-Devaux, membre de la Chambre des députés. Le barreau et l'intérieur du parquet étaient remplis de jeunes Avocats, parmi lesquels on distinguait Dupin jeune à côté de son frère, Mérilhou, Persil, Barthe, Berville, etc.

A onze heures et demie on entre en séance.

M. le premier président, aux huissiers : Ouvrez les portes, et les deux portes, afin que le public entre sans obstacle.

M. Bertin l'aîné, rédacteur en chef et gérant responsable dú *Journal des Débats*, décline ses nom, prénoms et qualités.

M. Dehérain, conseiller-rapporteur : Messieurs, le droit d'imprimer et de publier librement sa pensée, est placé, par la Charte, au nombre des droits publics des Français. Cette maxime posée dans le pacte fondamental, la législation à dû s'occuper de pourvoir à la répression des abus de la presse. Comme moyen de sociabilité, comme ciment des sociétés et des états, la religion devait réclamer en premier lieu la protection de la loi. Avec son pouvoir, avec son éclat, avec ses souvenirs, apparaissait aussi la royauté qui est comme une seconde religion. Il fallait la défendre dans son essence, dans ses attributs, dans ses prérogatives qui sont consacrées par la Charte elle-même. Voilà, Messieurs, la noble tâche que la loi du 25 mars 1822 s'est efforcée de remplir. Une loi antérieure, celle du 17 mai 1819, avait prononcé des peines contre les offenses qui pourraient être commises contre le chef suprême de l'État.

» Ces réflexions préliminaires s'appliquent naturellement à cette cause, où il s'agit d'un article qui a été originairement incriminé pour offense envers la personne du Roi, et comme ayant attaqué son autorité constitutionnelle et la dignité royale. Il a plu au Roi de confier le soin des affaires publiques à d'autres conseillers. Cet acte de la puissance royale émut vivement les organes de la presse : il a été la cause occasionnelle d'un article inséré dans le *Journal des Débats* du 10 août. »

Après la lecture de l'article, M. le rapporteur ajoute que M. Bertin l'aîné ayant été assigné comme gérant pour répondre de cet article, M. Etienne Béquet écrivit à M. le procureur du Roi qu'il en était l'auteur ; il demanda et obtint d'être mis en cause. Cependant M. Bertin ayant reconnu qu'il s'était approprié l'article par des changemens, a été condamné seul à six mois de prison et 600 fr. d'amende ; il a interjeté appel de ce jugement. M. le procureur du Roi a aussi interjeté appel *à minimâ*, parce que deux chefs de prévention seulement ont été admis par les premiers juges.

M. le premier président, s'apercevant que M. Moncloux de Villeneuve, l'un de MM. les conseillers, arrive en ce moment, invite M. Dehérain à reprendre en peu de mots la substance de son rapport. M. Dehérain lit de nouveau l'article incriminé et le jugement dont est appel. (Voir la *Gazette des Tribunaux* du 27 août.)

Me Labois jeune, avoué, prend pour M. Bertin des conclusions préjudicielles relatives à l'illégalité du roulement, et en même temps il conclut au fond à ce que son client soit renvoyé de la plainte, attendu qu'en Cour souveraine il faut conclure à toutes fins.

Me Dupin aîné, avocat de M. Bertin, prend alors la paroles en ces termes :

« Messieurs, le *Journal des Débats*, renommé pour la constance de ses prédilections comme pour la vivacité de ses antipathies, s'honore à juste titre de n'avoir jamais varié dans son amour pour les Bourbons et son dévoûment aux véritables intérêts de la restauration. Il l'a surtout bien servie en se constituant plus particulièrement l'organe de ces royalistes doués de patriotisme et de discernement, qui, associés aux bienfaits et aux éspérances de 1814, ont bientôt compris et hautement proclamé que le trône désormais ne pouvait trouver de solide appui que dans l'alliance sincère et franche de la royauté légitime avec les libertés constitutionnelles que réclament avec une égale force les lumières du siècle et les vœux du pays.

» Entré dans cette large voie par goût autant que par conviction, le *Journal des Débats* s'applaudit d'avoir poussé le premier cri, un cri d'alarme et de douleur, à l'apparition des triumvirs du 8 août; un cri proportionné à son amour pour le Roi, et au danger dont il a jugé la France menacée, lorsqu'il a cru voir dans leur avènement au pouvoir le triomphe d'un parti dont l'allure lui était assez connue pour en déduire immédiatement les plus affligeantes prévisions!

» Mieux que tout autre, l'écrivain courageux qui préside au *Journal des Débats* savait par quels hommes le trône était obsédé, par quels conseils on avait entrepris d'égarer la haute sagesse du monarque et de surprendre sa bonté; il connaissait, il avait vu de près, il avait entendu s'exprimer en liberté ces hommes dont les préjugés, pour être respectables dans la personne de quelques-uns, à cause de leur grand âge, de leur caractère religieux et de leur bonne foi, n'en sont pas moins une source funeste de vertige et d'erreur; il connaissait également cette autre espèce de gens aussi perfides que bassement intéressés, qui se font de tout un moyen de servir leur ambition, leur égoïsme et leur insatiable cupidité, *advienne, du reste, que pourra...*

» C'est alors que pour avertir, et non pour blesser, non pour outrager, mais pour remplir un devoir, M. Bertin aîné, ce royaliste éprouvé dans l'exil comme aux jours de prospérité, a chargé l'un des rédacteurs dont il connaissait le mieux l'attachement à la dynastie (M. Becquet, volontaire royal au 20 mars), de rédiger un article dans un sens qui répondît à leurs communes affections, article qu'il s'est approprié tout à fait en le revisant; expression vive de douleur et de regret, d'inquiétude et d'anxiété, où les intérêts de Charles X ne sont point séparés de ceux de la patrie, et où le rédacteur, les unissant dans un même sentiment d'affection et de crainte, s'écrie avec l'accent d'un sujet fidèle, mais profondément affligé: *Malheureuse France ! malheureux Roi !*

» Cet article a été rédigé *ex abrupto*, à l'instant même, sous le coup de l'événement, au milieu de l'émoi que la conjoncture avait fait naître. Je ne sais si, dans cette précipitation, cette émotion si vive ressentie par l'écrivain, sous l'empire de ses impressions personnelles, accrues de l'agitation générale des esprits, la plume du rédacteur aurait mal servi sa pensée ! Mais ce qu'il y a de certain, ce que mon client m'a toujours affirmé, ce qu'il veut vous attester encore, c'est que jamais intention ne fut plus pure que la sienne et celle de son jeune ami, c'est que l'un et l'autre ont cru remplir un devoir impérieusement commandé par la gravité des circonstances : ils ont voulu, non pas offenser (à Dieu ne plaise !) la personne d'un Roi qu'ils honorent, mais déplorer une erreur qu'ils jugeaient funeste; ils ont prétendu, non pas contester le pouvoir constitutionnel de la couronne, dont ils se sont toujours au besoin déclarés les défenseurs, mais éveiller la sollicitude publique, celle du prince lui-même, sur la manière probable dont les nouveaux ministres allaient gouverner, en signalant d'avance, dans la sincérité de leur conviction, tous les dangers qui pouvaient en résulter pour le Roi et pour la France !

» Cependant une accusation a éclaté contre le *Journal des Débats*, accusation toute politique, accusation de prédilection, indiquée de préférence par le ministère, comme un sacrifice expiatoire, un holocauste aux mânes de l'avant-dernière administration ; une leçon à donner à ceux que ses ayant-cause ont appelés les *hommes de la défection ;* comme un épouvantail, enfin, aux autres écrivains qui, ne pouvant pas invoquer les mêmes services rendus aux Bourbons, devraient s'attendre à trouver encore plus d'inflexibilité.

» Le rédacteur en chef a été traduit en police correctionnelle ; et là il s'est vu condamné à six mois de prison pour les deux prétendus délits d'*offense envers le Roi* et d'*attaque contre la dignité royale.*

» Messieurs, jamais un citoyen n'est arrivé dans ce sanctuaire avec un sentiment plus profond de l'injustice qu'il aurait éprouvée ! De toutes les accusations invraisemblables dont un honnête homme puisse être injustement chargé, s'il en est une à laquelle M. Bertin aîné ne devait jamais s'attendre, c'est assurément celle d'*offense à la personne de son Roi !* de Charles X, chef auguste et vénéré d'une dynastie à laquelle il a si long-temps immolé son repos et voué ses plus chères affections ! Mais telle est la puissance de l'interprétation , un article où respire le dévoûment le plus sincère a été transformé en insulte, et , pour ainsi dire, en outrage à la *dignité royale !*

» Ne point appeler d'une condamnation prononcée dans ces termes , c'eût été acquiescer au reproche et s'avouer coupable !... Mon client était incapable de manquer à ce point à lui-même et à la vérité ; et au risque de voir son imploration suivie d'un contre-appel *à minimâ* , il n'a point balancé : il savait, Messieurs, qu'il aurait à paraître devant vous. »

Mᵉ Dupin, abordant la discussion, combat les motifs du jugement de 1ʳᵉ instance. « Sans nul doute , dit l'avocat, la personne du Roi est *inviolable* ; sans nul doute sa personne est *sacrée*, sacrée en elle-même et par l'auguste dévolution du titre de Roi, par le seul fait de l'avènement successif à la couronne, indépendamment du sacre proprement dit. Cette pompeuse cérémonie a pu , dans des temps d'ignorance et de superstition, être mal à propos considérée comme une collation de la couronne et du pouvoir royal par main de prêtre ; mais, dans des siècles mieux éclairés sur l'indépendance du pouvoir civil, et depuis que nos pères, pour éviter que l'Eglise ne se dît en droit de reprendre ce qu'elle croirait avoir donné, eurent proclamé comme une maxime fondamentale, que le roi de France ne relève que de Dieu et de son épée, et de la loi de son Etat, le sacre n'a plus été considéré que sous son véritable point de vue, c'est-à-dire comme un acte purement religieux, à ce titre fort digne de tous nos respects, mais qui n'affecte en rien l'essence de la royauté, qui , dès lors, peut indifféremment être omis ou différé, et qui n'ajoute rien au caractère politique du Roi, à sa puissance naturelle et légale, à son inviolabilité immédiate et absolue. (Marques d'approbation.) Si donc, dans nos lois, sa personne est dite *sacrée*, c'est pour indiquer, en tout temps, ce qu'il y a de plus saint et de plus vénérable à nos yeux. Mais cette inviolabilité de la personne sacrée du Roi n'a rien de commun avec le délit particulièrement qualifié d'*offense à la personne du Roi*, dont était prévenu M. Bertin.

» L'inviolabilité de la personne du Roi déclarée par la Charte, a pour principal objet de préserver de toute attaque le corps même du Roi. Elle ne permet pas qu'il puisse être l'objet d'aucune violence, même à titre de représailles ou de défense naturelle ; elle ne permet pas non plus qu'on puisse le rendre personnellement responsable d'aucun fait qualifié délit , ni lui rien imputer personnellement à mauvais dessein. Le Roi ne peut être justiciable d'aucun tribunal humain ; il ne reconnaît aucun juge sur terre, fors Dieu , sa conscience et son serment. Voilà en quoi consiste son inviolabilité. Toute attaque à cette inviolabilité de la personne du Roi constitue un délit grave, et pourrait même, selon les cas, recevoir la qualification de crime : mais crime ou délit, c'est un fait très distinct du délit d'*offense à la personne du Roi*. Il ne fallait donc pas déduire l'un de l'autre, comme l'ont fait les premiers juges, en confondant par-là ce qu'ils devaient distinguer; car M. Bertin n'était pas accusé d'avoir attaqué l'*inviolabilité de la personne du Roi.*

» A cette première remarque, il en faut joindre une autre. La loi précitée a dit *offense envers la personne du Roi*, et elle l'a dit avec intention. La loi n'a point voulu de vague; le juge ne devait pas s'en permettre. Le projet de loi portait *l'imputation ou l'allégation offensante, ou l'injure*; mais à ces mots d'une compréhension trop étendue, le législateur a substitué l'expression plus précise et mieux caractérisée d'*offense à la personne du Roi.*

» Ainsi, 1° ce n'est pas toute imputation, toute allégation déplaisante que la loi a voulu atteindre, mais seulement l'imputation ou l'allégation qui aurait le caractère d'*offense*, avec la gravité que comporte ce dernier mot; 2° il faut encore, et de plus, pour rendre la loi applicable, que l'offense soit dirigée *contre la personne*, pour qu'il soit bien certain que c'est l'homme même, l'individu du Roi, qu'on a voulu personnellement *offenser*.

» Et pourquoi ? parce qu'en définissant ce qui devait caractériser le délit, le législateur n'a pas tant considéré la bienséance et le devoir qui obligent à ne parler jamais du Roi qu'avec le plus profond respect, qu'il n'a pris dans la majesté même du prince l'idée que l'injure, pour qu'elle pût être censée l'atteindre, devrait avoir de la gravité, et constituer une véritable offense. La loi a voulu, n'en doutons pas, que, dans sa grandeur d'âme, le roi de France pût, quelquefois, dire comme l'empereur romain : *je ne me sens point blessé.* »

Au surplus, Me Dupin déclare que ce n'est que pour l'honneur des principes qu'il est entré dans cette discussion légale, et venant au fait, il établit que l'article incriminé résiste, dans toutes ses parties, à l'interprétation fâcheuse qu'on s'est efforcé de lui donner. Sa rédaction, hostile seulement contre le ministère, est au fond affectueuse pour le Roi. Si l'écrivain parle d'un *lien brisé*, il nomme à l'instant ceux qu'il faut en accuser, ce sont *ceux qui viennent encore de se jeter entre la France et son Roi.*

Si l'auteur entrevoit des malheurs à la suite de cette interposition de personnes, et si l'on peut s'exprimer ainsi de cette *éclipse de roi*, par ceux qui s'efforcent d'intercepter à leur profit tous les rayons de la royauté, qui ose-t-on en accuser ? de *perfides conseils*, et non le prince ; l'orateur reprend ensuite en ces termes :

» La discussion du ministère public, continue-t-il, a été toute grammaticale, non sur l'ensemble, mais seulement sur quelques mots ; les premiers de tous, ceux qui, par conséquent n'ont pas pour objet d'expliquer les autres, mais sont destinés à être eux-mêmes expliqués : *Brisé le lien d'amour et de confiance !* Combien de fois ne m'a-t-on pas ramené sur ces mots ?

» Eh bien ! pour réfuter même sur ce terrain étroit l'accusation qui a prétendu s'y cantonner, offrons-lui deux points de comparaison qu'il lui sera sûrement impossible de réfuter.

» En 1818, quand le Roi venait de retirer à Monsieur le commandement de la garde nationale du royaume, un homme, aujourd'hui ministre, et même premier ministre, M. de Polignac enfin, qui écrivait dans le *Conservateur*, y a déposé cette phrase : « Une telle mesure a *délié les* » *nœuds* qui rattachaient si honorablement la garde na- » tionale au trône. » De sorte que dans cette phrase, si pure sans doute de toute pensée *d'offense à la per- sonne du Roi*, de la part d'un homme si tendrement atta- ché à la monarchie, il ne resterait plus qu'à nous expli- quer, si l'on prétendait en récuser l'analogie, qu'à nous expliquer la différence qu'il peut y avoir *entre délier un nœud et rompre un lien !...* (Éclats de rire dans l'audi- toire).

» J'emprunte ma seconde citation à l'ex-ministre de l'intérieur, M. le comte de La Bourdonnaye, qui ayant voulu marquer son passage au ministère par une circu- laire, ou si l'on veut par un manifeste où il déployait toute la profondeur de ses pensées, parle du choix des fonctionnaires, et dit à ses préfets : « Ce n'est qu'en em- » ployant des hommes dévoués que vous ferez *renaître la* » *confiance* des gens de bien, et que vous les *rallierez* » au gouvernement. » *Rallier* les gens de bien au gou- vernement, ils en étaient donc *détachés ?* Or, pourrait- on dire qu'est-ce qu'un gouvernement dont les gens de bien se sont une fois séparés ? *Faire renaître la con- fiance*, elle était donc morte ? oui, dit la circulaire du ministre ; oui, répétait avec lui tout son parti ; le minis- tère Martignac l'avait tuée. — Non, non, c'est vous plutôt répond le parti contraire ; c'est vous qui avez *brisé ce lien de confiance !* (Nouveau mouvement.)

» En troisième lieu, j'invoquerai l'auteur de l'écrit in- titulé : *Des résultats nécessaires de la situation de la couronne et de la chambre des députés* (M. Cottu), le- quel, à la page 76, après avoir conseillé aux Bourbons de

guerroyer contre ce qu'il appelle les factieux, dit: « C'est
» ainsi qu'ils *reconquerront* l'amour d'une nation qui
» prise par dessus tout l'audace et la résolution. » Recon-
quérir l'amour! cet amour est donc perdu; et comme les
Bourbons n'ont pas fait ce que leur conseillait le bouillant
auteur, cet amour à présent même n'est pas encore re-
conquis! (Rire général.)

« Enfin il n'est pas jusqu'à M. Syrieys de Mayrinhac,
que je ne puisse citer; M. Syrieys, qui après avoir dit
que le Roi avait beaucoup d'ennemis, loin d'encourir
aucune disgrâce, vient d'être porté sur le pinacle et mis à
la tête de la police pour y surveiller sans doute ceux dans
lesquels il a cru voir des ennemis du Roi... » (On rit
plus fort.)

Abordant le second chef de la prévention, Mᵉ Dupin démontre que
critiquer la composition d'un ministère nouveau, c'est user d'un droit
exercé de tous les temps ; ce n'est ni attaquer l'autorité constitutionnelle du Roi, ni contester sa prérogative.

« Le droit de nommer les ministres, ajoute Mᵉ Dupin,
est, comme tous les autres, soumis à la responsabilité mi-
nistérielle; car, depuis la Charte, on n'a pas vu de ministre nommé autrement que par des ordonnances *contre-
signées;* il en reste toujours un pour contresigner la nomination de ceux qui arrivent, et la place ou la pension
de ceux qui s'en vont. Et sans aller rechercher hypothé-
tiquement ce qui arriverait en cas de refus de tous les
conseillers apparens de la couronne, de contresigner une
nomination, apparemment bien fâcheuse, puisque personne ne voudrait en prendre sur soi la responsabilité, il
suffit que nous ne soyons pas dans cette position, et que,
de fait, le ministère actuel, comme les précédens, ne nous
soit apparu que sous forme d'ordonnance *contresignée.*

» Soustraire un seul acte, même de ceux qu'on appelle
proprio motu, à la responsabilité d'un conseiller quelconque de la couronne, ce serait compromettre la question
même de l'inviolabilité du Roi, en laissant sur ce point
sa personne à découvert. Ce serait donc à lui personnellement, à lui seul qu'il faudrait imputer les fautes ou les
crimes d'un méchant ministre; c'est du bien seul qu'on
peut dire, *le Roi l'a voulu*; de tout le reste, il faut
pouvoir dire qu'il a été induit en erreur, surpris ou mal
conseillé. Aussi la Charte, en déclarant les ministres res-
ponsables, les déclare tels d'une manière absolue, sans
réserve et sans exception.

» Il faut donc le reconnaître, dans l'accusation actuelle,
le droit, comme le fait du Roi, sont restés tout à fait en
dehors de la discussion. Le Roi a eu le droit incontestable
de choisir et de nommer ses ministres : la nomination est

valable; on doit obéir à chacun dans l'ordre de ses attribu-
tions, les constitutionnels auront aussi leur *quand même!..*
Voilà le devoir acccompli. Mais approuver les qualités
des personnes, mais y prendre confiance immédiatement,
mais s'y complaire, mais n'oser interroger leurs antécé-
dens, les discuter, sonder leurs voies, ne point s'alarmer
sur l'avenir par la considération du passé, ce serait manquer à toute prévoyance humaine, et méconnaître tout ce
que la politique exige de précaution, tout ce que le patriotisme impose de sollicitude et de vigilance aux hommes du pays pour la tuition de soi-même et d'autrui.

» C'est là précisément ce qui répond à l'une des objec-
tions qu'on a faites avec le plus d'insistance : « Attendez
» les actes des ministres ; ils n'avaient encore rien fait
» que déjà vous étiez déchaîné contre eux! Vous parlez
» de coups d'état, où sont-ils ces coups-d'état? Atten-
» dez donc qu'ils en aient fait ou tenté quelqu'un pour
» vous plaindre; alors, vous aurez raison !......» C'est-
à-dire, attendez qu'il ne soit plus temps. Nous faudrait-
il donc, en effet, attendre qu'une voie de fait ayant dé-
truit à l'improviste les lois de l'Etat, il fallût une voie de
fait contraire pour les rétablir? Ne vaut-il pas mieux cent
fois prévenir un tel mal que d'y chercher je ne sais quel
remède après qu'il serait arrivé? Et n'appliquerons-nous
pas à la conservation du premier des intérêts publics, celui de l'ordre social, cette maxime que les jurisconsultes
ont établie pour la défense des intérêts privés : *Melius
est intactam causam servare, quàm post vulneratam
remedium quærere?*

» Est-il donc vrai qu'on n'ait pas eu de justes motifs de
s'alarmer? On l'aurait eu déjà par la seule considération
des personnes, que je veux bien, toutefois, laisser repo-
ser en cet instant.....; mais d'autres faits ne sont-ils pas
venus immédiatement à l'appui? En voyant quels vœux
avaient appelé ce ministère, quelles acclamations l'ont ac-
cueilli, quelles espérances certains écrits, quelques journaux se sont hâtés de fonder sur son avènement au pouvoir,
n'a-t-on pas pu dire avec le chancelier de l'Hospital dans
un temps où les plus sinistres prédictions ne purent cependant détourner les plus grands malheurs : « ès-lieux qui
» sont près de la mer, aussitôt que l'on voit le signe de
» feu ou de fumée, chacun court afin de chasser l'ennemi
» étranger. Nous devrions être plus soigneux à chasser le
» domestique et familier. Les bêtes brutes sentent venir
» l'orage et cherchent les cachettes; ne trouvons pas mau-
» vais si les hommes, le prévoyant, se munissent à l'encon-
» tre. *Nos menaces ont été messagères de nos complots,*
» ainsi que l'éclair du tonnerre : nous leur avons *fait*

» *voir nos apprêts* ; cessons donc de nous esbahir s'ils
» ont un pied en l'air et l'œil en la campagne. » (Vive
sensation.)

» Ils n'ont pas fait de coups d'Etat ! Mais leurs amis ne
leur en ont-ils pas demandé? Faut-il rappeler cet article de
la plus fougueuse déraison, que le *Journal des Débats* s'est
empressé de combattre et de réfuter ; cet article qui se
termine ainsi : *la majorité , c'est le Roi.* »

Après avoir cité plusieurs autres articles et la brochure
de M. Cottu, M⁰ Dupin continue ainsi :

« J'ajoute que des écrivains, non pas de ceux que l'on
peut regarder comme les enfans perdus du parti, mais des
hommes graves, constitués en dignité, payés par le budget
de l'état, spécialement chargés d'appliquer les lois et de
rappeler les citoyens à leur exécution, n'ont pas craint de
provoquer leur abolition, de conseiller ouvertement de
les fouler aux pieds, de les changer par ordonnance sans
le concours des chambres, et ont osé dire au roi de
France de quitter la main de justice pour tirer l'épée des
combats, et contre qui, grand Dieu ! contre ses paisibles
sujets !... Ne nous etonnons pas que l'auteur ait pris pour
épigraphe d'un tel livre *arma amens capio*, et soyons
encore moins surpris qu'on lui ait répondu par le reste
du vers, *nec sat rationis in armis.* Et l'auteur appelle cela
achever la Charte; apparemment comme on achève un
blessé. (Mouvement.)

» Mais encore qui l'a réfuté? Sont-ce les journaux organes du ministère? Non, messieurs; non-seulement ces
journaux n'ont ni désavoué, ni combattu ces funestes pro-
jets , mais en louant l'auteur, en le revendiquant de leur
bord, ils ont déclaré hautement approuver ses doctrines,
et n'ont contesté à ses desseins que *l'opportunité* dans le
moment à choisir pour leur exécution! C'est alors qu'on
a vu reparaître les doctrines si souvent funestes aux trônes,
de pouvoir divin, qui n'appartient qu'à la divinité ; de *pouvoir constituant*, qui n'appartient plus à un seul dans un état
déjà légalement constitué : et cette doctrine non moins
étrange par sa nouveauté , glissée dans une *nouvelle
confession d'Augsbourg*, d'une majorité de deux des
grands pouvoirs de l'État contre le troisième , de dic-
tature enfin, qui est la mort de toute monarchie légitime
et tempérée, puisqu'elle met la force à la place du droit,
et la puissance des baïonnettes au-dessus de la sainte autorité des lois !

» Ils prétendent former je ne sais quelle majorité, tantôt avec le Roi et la Chambre des pairs contre la Chambre des députés , tantôt avec le Roi et la Chambre des
députés contre celle des pairs , et gardons-nous de la

troisième combinaison ; car tout est possible dans un pareil système. (Marques d'une très vive sensation.)

» Si l'on touche à une seule pierre de l'édifice social, tout peut s'écrouler. Et comment s'exposer à ce danger, lorsque deux exils sont-là pour nous attester que, si la légitimité comporte toujours avec elle l'existence du droit, cependant elle ne suffit pas pour mettre à l'abri des coups de la fortune ? (Nouveau mouvement très prononcé dans l'assemblée.)

» Supposons toutefois qu'on ait mal jugé les ministres ; qu'on ait trop cédé contre eux à la prévention ; toujours est-il qu'on n'a jugé qu'eux, qu'on ne s'est atttaqué qu'à eux. Il y aura eu, je le veux, exagération, injures ou même calomnie : en ce cas, qu'ils se plaignent en leur nom, mais qu'ils ne se retranchent pas derrière le nom et la personne du Roi, quand leur premier devoir est de se jeter au-devant. En attendant, et cela suffit, il est évident que, dans tout ce qu'on a pu dire contre eux personnellement, et contre leurs intentions vraies ou supposées, on ne saurait voir une attaque contre la dignité royale et l'autorité constitutionnelle du Roi. Son droit royal n'en a point souffert, sa haute liberté n'en a point été affectée ; seulement il a été averti, il a pu s'aviser..., reconnaître le piége ou sans cela de *perfides conseils* auraient pu l'entraîner...

» Certes, ce n'est pas quand on a vu les quarante années qui viennent de s'écouler, que les gouvernans peuvent se croire dispensés d'étudier *l'opinion publique*, et quelquefois de s'y accommoder, plutôt que de se complaire dans une quiétude où l'on craigne d'être troublé par les accens de la vérité. La vérité est amie des rois ! Charles X est digne de l'entendre, elle lui dira que parmi ses sujets, plusieurs de ceux qui l'ont suivi deux fois dans l'exil, n'ont pas été le moins alarmés du train que prenaient les affaires. N'est-ce pas chose étrange ! entre deux sortes d'écrivains, les uns qui ont conseillé au Roi de renverser la constitution de l'état, et ceux qui ont soutenu que le Roi devait la *maintenir* comme il y était obligé, de voir que ceux-ci seuls soient poursuivis et traités en ennemis de la royauté, tandis que ceux-là passent pour en être les véritables défenseurs !

» Qu'il me soit permis d'invoquer une analogie. Le respect dû aux ministres n'est certes pas plus grand que celui auquel a droit la Chambre des députés ; car elle leur est supérieure ; je n'en voudrais pour preuve que le droit d'accusation qu'elle a contre eux. (Mouvement d'approbation.) Ce n'est donc pas trop risquer que d'affirmer que la presse peut dire des ministres tout ce qu'elle peut dire de la Chambre des députés. Eh bien! que voyons-nous, à l'égard de la Chambre des députés, depuis 1814, et surtout depuis ces dernières années? Dès qu'il y a élection, le combat s'établit à la fois sur les électeurs et sur les éligibles; après l'élection, chaque parti fait l'éloge ou la critique des élus; chacun les revendique ou les déprécie. Sont-ils réunis en session, on s'associe à leurs discussions, on les devance, on les presse, on les gourmande sur leurs discours et sur leurs votes; on remarque s'ils sont assidus, on cote leurs absences; tout, à commencer par la place qu'ils occupent, est l'objet de la censure et de l'examen; et l'on exerce ainsi à leur égard, il faut bien le dire, au nom de la liberté, un peu de tyrannie.

» L'écrivain, qui n'est pas content de la chambre, provoque de son autorité privée, et sollicite hardiment sa dissolution, qui est cependant, comme la nomination des ministres, dans la haute prérogative de la couronne. Chacun prend fait et cause pour ou contre sur cette question, et en balance les avantages et les inconvéniens suivant les chances probables et présumées des nouvelles élections.

» Dira-t-on qu'on attend les actes de la chambre pour les critiquer et se prononcer ainsi contre la chambre elle-même? Je réponds par ce qui se passe depuis quelques mois sous nos yeux. Les uns espèrent beaucoup de la chambre; d'autres en augurent moins favorablement; quelques uns la menacent et la calomnient, non en raison de ce qu'elle a fait, mais en se livrant à des hypothèses sur ce qu'ils pensent qu'elle pourra faire.

» Eh! bien, n'a-t-on pas des droits pareils ou analogues en ce qui concerne la personne ou la conduite des ministres? Et d'abord, pour ne parler que des faits tels qu'ils se passent habituellement sous nos yeux, long-temps avant leur retraite ne parle-t-on pas de la convenance ou de l'utilité de leur *renvoi?* Chacun ne donne-t-il pas, selon son idée, la *liste* de ses candidats, ouvrant ou fermant à chacun, selon ses opinions, l'entrée du conseil? Chaque parti n'annonce-t-il pas que tout est perdu si un tel s'en va, ou si un tel autre arrive? À peine arrivés en effet, ne voit-on pas la biographie, la silouette et l'horoscope de chacun? *Avant les actes,* n'est-ce pas d'abord les personnes dont on s'occupe; et à leur avénement, ne recherche-t-on pas tout ce qui tient à leur origine, à leur moralité, à leurs opinions, à leur religion politique, leurs relations, leur parti? C'est ce qui est arrivé à ce ministère-ci, comme à tous les autres. Seulement il est vrai de dire qu'il a soulevé plus d'inimitiés.

» Tout cela est permis, parce que rien de tout cela n'atteint la royauté; tout se passe au-dessous d'elle. Avertie de toutes parts, elle compare, elle juge; elle attend ou se presse à son gré; son droit n'est ni contesté, ni combattu, ni mis en doute : le Roi reste libre de faire ou de défaire ses ministres à volonté, comme ses sujets restent libres de dire de ceux-ci ce qui leur plait. L'obéissance continue; la fidélité demeure la même.

» Ne voyons donc au fond de ce procès que le dépit des ministres seuls, qui, sous couleur de venger la personne du Roi, soi-disant offensée, la dignité royale méconnue, la prérogative menacée, n'ont réellement voulu venger que leur propre injure, intimider la presse constitutionnelle, et créer le silence qui seul pourrait leur sembler la paix.

»De-là ce débordement simultané de tant d'accusations contre la presse périodique de Paris et des départemens; et ces déclamations outrées dont elle est nécessairement l'objet de la part d'un parti qui n'est jamais arrivé au pouvoir sans réclamer la censure et les lois d'exception; qui même aujourd'hui demande par ses journaux qu'on sévisse contre les écrivains, qu'on leur fasse *la justice convenable au moment*, et ce que *la Quotidienne* appelle *le remède heroïque de la circonstance*.

» Honneur cependant à la presse périodique ! Dans ces derniers temps surtout, elle a bien mérité du pays pour lequel elle a veillé pendant l'interrègne parlementaire ! Répétons, à sa louange, ce qu'en a déjà dit, il y a plusieurs années, dans la discussion même de la loi du 17 mai 1819 qu'on prétend nous appliquer, un orateur dont j'invoque aujourd'hui les éloquentes paroles avec d'autant plus de force, qu'il est actuellement au ministère comme chef de la justice. Ecoutez ce que disait M. Courvoisier :

« La liberté de la presse est le *mobile* du gouvernement représen-
» tatif; elle en est aussi le *soutien*. Notre but est d'affermir cette es-
» pèce de gouvernement, il faut donc *en endurer les inconvéniens* pour
» jouir aussi de tous ses avantages....

» Espérait-on d'ailleurs obtenir, après une révolution et sous la
» Charte, une déférence silencieuse pour le gouvernement et ses
» actes ? Espérait-on comprimer la presse, quand une opposition im-
» puissante ne fit jamais dans l'ancienne France qu'en aggraver les
» fâcheux effets ?

» L'opinion y régna dès le XVIe siècle; les factions l'invoquaient
» et *l'autorité elle-même en briguait l'appui contre les factions*.
» Qu'on se rappelle les guerres de religion, la ligue et la fronde : la
» satire même fut plus puissante contre les ligueurs que le bras vaillant
» de Henri.

» C'est à *l'opinion* que Louis XIV eut recours en ses revers; c'est
» d'elle qu'il tira ses ressources, en 1709 et 1710, contre l'arrogance
» de ses ennemis.

» L'Angleterre fût *agitée violemment tant qu'on y sévit avec vi-*
» *gueur contre les auteurs et leurs ouvrages.* Elle cessa de l'être du
» moment où la pensée prit son essor sans avoir à redouter, même
» pour ses conceptions hardies, les alarmes du gouvernement et *la*
» *serre active de la poursuite.*

» En défendant l'impression de tout écrit sans la permission de l'ar-
» chevêque de Cantorbery ou de l'évêque de Londres, Jacques 1er ne
» fit qu'aiguiser les armes dont le fanatisme fit usage pour abattre le
» trône de son fils.

» Le supplice de Sydney, les arrêts sanglans de Jefferyes ont-ils
» affermi la puissance de Charles II et de Jacques II? Si l'on n'eût
» comprimé la presse, elle eût rappelé sans doute à ces princes qu'un
» Roi, mûri par l'infortune, leur avait légué le sage conseil de placer
» leur force et leur gloire, *non dans la satisfaction de quelques*
» *hommes,* mais dans *la liberté de leurs sujets.* »

» Voilà de ces choses excellentes que l'on dit avant
d'être ministre et qu'on n'oublie point sans doute après
qu'on l'est devenu. (On rit.) Heureux d'emprunter alors
une véritable grandeur, moins encore à sa position qu'à
l'élévation et à la force de son caractère, et d'adonner sa
pensée, non à ces frêles avantages qu'on remporte com-
munément du ministère, mais à la reconnaissance publique et à la gloire qui suit inévitablement quiconque a fi-
dèlement servi son prince et son pays; toujours prêt à
quitter un poste où l'on désespérerait d'être utile, comme
à soutenir toute lutte où l'on peut espérer de déjouer de
mauvais desseins, en y substituant de généreux conseils,
en disant nettement la vérité à un Roi qui ne demande
sans doute qu'à la connaître, car il veut certainement le
bonheur de ses sujets.

» C'est alors qu'il convient de lui révéler la position de
la France; de lui signaler sans détour où est la véritable
opinion publique, le vœu national, car il faut toujours
qu'un roi soit avec sa nation, pour qu'elle soit insépa-
rable avec lui. Eh ! quel heureux tableau que celui d'un
peuple obéissant et fidèle, qui ne demande que la paix
et ne la cherche que dans la stabilité des institutions,
ne voulant que ce qu'on lui a fait jurer, mais le voulant
avec constance, avec fermeté, avec énergie.

»La dynastie légitime,

»La Charte constitutionnelle,

»L'intérêt français.

»Avec cette devise inscrite sur le drapeau de France,
vous n'avez à craindre ni les usurpateurs, dont la sinistre
image vous poursuit quand c'est vous qui croyez la pour-
suivre (on rit); ni les séditieux, car vous leur aurez ôté
tout prétexte; ni les étrangers, car ils vous sauront unis.

» Qui voudra bien tout cela sérieusement et sans ar-
rière pensée, saura bien le dire, saura bien se faire en-

tendre sans équivoque et sans que nul puisse en douter. Alors on ne demandera plus où est la majorité, on ne parlera plus de la former de deux contre trois, en divisant et opposant entre eux les grands corps de l'Etat; cette majorité sera partout, et la minorité, si elle s'obstine encore à ne rien oublier comme à ne rien apprendre, restera telle qu'elle est en réalité, imperceptible, parce que, destituée de l'appui qu'elle affecte de se donner, elle restera nettement en dehors de tous les intérêts, et, j'ose le dire, en dehors de l'honneur français!

» Tels seront, n'en doutons pas, Messieurs, les fruits de cette franchise que les Français appellent de tous leurs vœux. Elle est dans le cœur du prince; qu'elle éclate aussi dans les actes et dans les discours de ceux qui agissent ou qui parlent en son nom. Alors toutes les mauvaises pensées s'évanouiront comme un mauvais songe; à des jours de tristesse et d'anxiété, succéderont des jours de bonheur et d'allégresse! Alors sortiront du fond des cœurs des sentimens qui sommeillent, mais qui n'ont jamais cessé d'y résider; et nous verrons les dernières années d'un règne, que Dieu veuille prolonger, honorées des mêmes acclamations qui ont salué son avènement! »

M. Bérard-Desglageux, avocat-général, se lève et commence en ces termes:

« Messieurs, au milieu de tout ce que le temps emporte et de ce qui passe avec les hommes, il est des principes qui restent immuables dans la société : ainsi s'élève au-dessus de tous les changemens et de toutes les passions la dignité royale avec tout ce qu'elle offre à nos regards d'antique et de vénérable, tout ce qu'elle présente à notre amour de bienfaisant et de sage, tout ce qu'elle assure à nos institutions de force et de garantie. Pour la protection qu'elle en reçoit, la société lui rend obéissance et hommage; elle la place dans un sanctuaire inviolable, d'où elle ne se rend visible que par le bien qu'elle répand. Cependant c'est jusque dans ce sanctuaire qu'un Journal, qui sut long-temps, et avec courage, en défendre les droits, a osé porter ses attaques contre elle; c'est de cet asyle qu'il l'a tirée pour la livrer à l'outrage; c'est sous l'inspiration de la colère qu'il a imprimé des lignes sous lesquelles sa plume aurait dû se briser mille fois. Et vous, Messieurs, qui êtes appelés à les juger, c'est surtout dans les causes de cette nature, que viennent expirer aux pieds de votre justice toutes les émotions qui naissent avec les circonstances et qui meurent avec elles. Vous considérez le présent du même regard qu'on envisage le passé, comme un temps déjà éloigné, et dont les impressions ne viennent pas jusqu'à vous. Dans le sanctuaire de la justice, et en présence de la loi, votre sagesse ne se demande pas quel est l'auteur, elle examine le délit, et juge les intérêts de la société.

» Ces intérêts, on en est convenu, n'ont rien de plus précieux et de plus cher que la dignité du Roi et les droits qui relèvent de son autorité. Les affaiblir dans l'esprit des peuples, c'est blesser au cœur la liberté elle-même, c'est l'attaquer dans le centre d'où se répand la vie. Et quel serait donc, parmi les hommes, l'objet réservé aux respects, si cette première majesté de la terre n'en était pas environnée ; si le pouvoir souverain, où viennent se confondre la puissance qui arme les peuples et celle qui les pacifie, la sagesse qui prépare les lois et la force qui les exécute, la justice et la clémence qui en arrêtent le cours ; si tant de nobles prérogatives pouvaient tomber dans le domaine de l'attaque ? Tout serait dès lors ébranlé, et ce premier anneau rompu, il ne resterait plus de lien pour cette longue chaîne de devoirs qui unissent le peuple au prince et les familles à l'Etat.

» Dans l'article qui vous est déféré, Messieurs, est-ce le sage et libre exercice de la pensée qui a dirigé la censure ? Est-ce à des actes qui tombent dans son domaine qu'elle s'est adressée ? Est-ce un usage quelconque du pouvoir qui leur était confié qu'on a voulu reprocher aux ministres ? Mais à peine ce pouvoir venait de leur être remis : le journal qui contient l'article, est le même qui renferme l'ordonnance qui les nomme. C'est donc jusqu'à la pensée royale qu'il faut nécessairement faire remonter l'outrage ; elle se présente encore seule, isolée ; rien là qui n'émane d'elle, et aucun acte qui puisse être contesté, si ce n'est la manifestation de sa prérogative. Aussi c'est dans ce qu'il y a de plus intime entre le monarque et le peuple, que l'auteur de l'article transporte aussitôt sa pensée : c'est le lien d'amour et de confiance qui les unit qu'il ose montrer comme rompu, et par quelle autre cause que par l'exercice du pouvoir et de la volonté du Roi ? car ici tout se suit, et c'est après les ordonnances mêmes qui manifestent cette volonté, que l'article commence par ces mots : *Ainsi le voilà encore une fois brisé, ce lien d'amour et de confiance qui unissait le peuple au monarque !*

» Rien ici qu'on puisse interposer. Le Roi a oublié son amour pour ses peuples ! Le peuple n'a plus confiance dans la sollicitude de son Roi ! Ainsi le voilà brisé ce lien qui les unissait ! On ne peut donner un autre sens à l'article. Eh ! quoi, ce lien, qui pendant tant de siècles unit la France à ses Rois, que tant de malheurs soufferts ensemble ne firent que resserrer davantage, qui permettait à un de nos Rois vaincus de dire encore aux portes d'une des villes de son royaume : *Ouvrez, c'est la fortune de la France*, qui parlait au cœur de Henri, tout en combattant des sujets égarés, et qui, renoué miraculeusement par un de ces événemens, dont la Providence tient le secret, a retrouvé partout des cœurs pour le comprendre ; ce lien, il serait brisé ! un instant l'aurait rompu, et quelques noms prononcés du trône auraient produit ce changement ! Mais qui vous a constitué juge des pensées de votre Roi, et des sentimens de son peuple ? Pour dire que ce lien ne subsiste plus, quelle preuve vous a été donnée? Les besoins de la patrie sont-ils restés étrangers aux soins du monarque? Les vœux de l'industrie n'ont-ils pas trouvé accès près de son trône? Ou bien, les souffrances de l'infortune ne sont-elles pas montées jusqu'à lui? Un jour d'alarme est-il venu, où le Roi n'ait plus trouvé de soldats dévoués et de sujets fidèles? Non : ce que dit l'auteur de l'article, il le suppose, et cette supposition est l'offense la plus grave pour la personne du Roi et pour sa dignité. »

Poursuivant l'examen de l'article incriminé, M. l'avocat-général soutient qu'il achève de caractériser le délit. Il insiste sur ces derniers mots. « Que feront-ils cependant? » Malheureuse France! Malheureux Roi! »

» Ah! bien plutôt nous pouvons nous écrier : malheureux l'écrivain qui s'enfonce ainsi dans ses propres haines, qui soulève toutes les passions de son âme pour en former des orages dont il menace sa patrie, et qui ne craint pas, en traçant cet appel aux discordes, de prendre la responsabilité de celles qu'il provoque!

» Que feront-ils? Mais oubliez-vous que ce pouvoir qui leur a donné sa force est encore là pour les diriger; que cette main puissante qui leur a tendu son sceptre peut seule les soutenir, ou, quand elle le veut, retirer d'eux son appui? Que feront-ils? Mais il serait plus juste du moins d'attendre; et si vous êtes réduit à vous le demander, n'allez pas d'avance semer l'alarme de ce qu'ils n'ont pas fait encore, de ce qu'ils ne feront jamais; car, pour supposer qu'ils feront ce que vous annoncez, il faut que vous supposiez que la royauté y consente; il faut que vous la montriez renonçant elle-même aux lois, déchirant de ses propres mains la Charte qu'elle a donnée, qu'elle a consacrée de ses sermens; et votre refuge contre ces craintes, ah! vous l'avez dans la loyauté de nos rois, dans leurs promesses, qui ne trompent jamais! (Vive sensation.)

» Cependant ce n'est pas là que vous le cherchez; cette pensée qui devait s'offrir la première, elle ne vous vient pas; vous vous roidissez contre une violence que vous n'avez pas à craindre, et votre plume trouve le mot de despotisme pour le règne de Charles X! Car l'on chercherait vainement à prétendre qu'on ne parle que des ministres : on ne le peut, sans supposer dans le Roi l'oubli de la promesse jurée; et n'est-ce pas offenser ce cœur où la bonne foi se retrouverait encore, si elle était exilée de la terre?

» Iront-ils chercher un appui dans la force des baïou-» nettes? Les baïonnettes aujourd'hui sont intelligentes; » elles connaissent et respectent la loi. » N'y a-t-il pas, Messieurs, dans ce peu de mots tout le renversement de l'ordre et de la discipline militaire? *Les baïonnettes sont intelligentes!* Eh quoi! elles discuteront avant d'agir!

Elles connaissent et respectent la loi. Pour elles, la loi vivante, c'est le Roi qui leur commande, le Roi, qui est le chef des armées, et qui les fait mouvoir en son nom.

» Il est des choses, Messieurs, qui se sentent plus aisément qu'elles ne s'expriment, et nous ne pourrions, ce semble, mieux vous rendre compte ici de nos impressions qu'en interrogeant celles qui sont restées dans vos esprits, après avoir lu pour la première fois cet article. Ah! pour vous, ce ne furent pas tant de prédictions sinistres qui occupèrent le plus vos pensées : vous avez plus de foi dans la monarchie et dans les doctrines par lesquelles vous savez la défendre. Mais vos réflexions se reportèrent avec douleur sur la société, sur tant de passions soulevées dans son sein par l'appel qui leur était fait, sur ce qu'elle a de plus respectable et de plus élevé, dégradé par des mains qui lui offrirent long-temps un hommage pur, et vous ne pûtes vous empêcher de déplorer jusqu'à quel point l'entraînement des passions peut éloigner des principes qu'on a long-temps reconnus.

» Aujourd'hui, Messieurs, vous avez un devoir plus sévère à remplir : vous avez à réprimer cette licence de la presse, qui, se prenant à ce qu'il y a de plus élevé parmi les hommes, ne trouve rien au-dessus de ses atteintes, ne laisse rien en dehors de ses attaques. Cependant, si l'on croyait son langage, faible et isolée, elle ne peut rien contre ces objets placés si haut dans la vénération, et après s'être fait une gloire de son audace, elle se ferait une excuse de l'impuissance de ses coups. A ce prix, plus un objet serait digne de nos respects, moins il serait nécessaire de le défendre de l'outrage ; la dignité du Roi pourrait être livrée au mépris, et son autorité traitée comme le simulacre d'une vaine représentation. Vous allez juger, Messieurs, s'il en doit être ainsi : ces intérêts si chers vous sont confiés, et la société les dépose sans crainte aux pieds de votre justice.

» Par ces motifs, nous requérons, sur les appels interjetés par le sieur Bertin et par le procureur du Roi, l'application contre le sieur Bertin des peines prononcées par les articles 9 de la loi du 17 mai 1819, et 2 de la loi du 25 mars 1822.»

Mᵉ Dupin se lève aussitôt pour répliquer: «Messieurs, dit l'orateur, sans doute vous vous attaquez au délit et non pas à la personne, et si le délit était constant, ce n'est pas la faveur de la personne qui devrait la sauver de l'application de la loi. Ce n'est point un privilége que je réclame pour nous; mais dans un délit on considère surtout l'intention, et quand il s'agit d'un délit de la presse, c'est la pensée de l'écrivain qu'il faut envisager.

Certes, pour vous comme pour tout homme intelligent et impartial, l'intention peut-elle être plus clairement manifestée que par la vie entière d'un homme parvenu à l'âge de 65 ans? C'est là, sans doute, une première et sûre garantie que s'il a été fidèle et dévoué à son prince pendant toute la durée de sa carrière, il n'est pas devenu infidèle et offensif dans une circonstance où il a cru le servir. Mais je le déclare, en défendant la cause du *Journal des Débats*, je n'ai pas cru défendre une personne, mais une chose; je n'ai pas vu un intérêt privé, mais un intérêt général; je ne demande pas faveur, mais justice.

»On a rappelé que les Bourbons étaient dignes d'amour, et l'on a cité Henri IV. Mais Henri IV, cependant, eut les ligueurs à combattre, et n'a-t-on pas dit en parlant de lui :

Il fut de ses sujets le *vainqueur* et le père !

»Lui aussi a donné une Charte, la Charte de Nantes. Il y a été fidèle, et ce fut une calamité, plus tard, lorsque, par suite de faux conseils, cette Charte a été retirée. (Sensation.) Il en est résulté une source d'oppressions, d'injustices, de ruine et d'appauvrissement dans l'Etat.

» Henri IV revenait aussi avec des compagnons d'exil dont les pourpoints étaient déchirés. Henri IV a senti, comme le disait M. Courvoisier dans l'excellent discours que j'ai cité, qu'il ne devait pas régner pour la satisfaction de quelques-uns, mais pour la liberté de tous ses sujets. C'est alors que remonté sur le trône de ses pères, il ne s'est plus occupé que du bonheur de la France. Sous son règne on n'envoyait plus de *notes secrètes* (mouvement dans l'auditoire), parce qu'il avait dit à l'étranger : *Adieu, Messieurs, mais n'y revenez plus* (on rit.) C'est alors qu'à la tête de toutes les forces nationales, il se préparait à punir l'Autriche, et s'il avait pu, dans un temps de détresse, se servir d'Elisabeth d'Angleterre lorsqu'il avait encore besoin de ses secours, il n'aurait pas sollicité auprès de cette reine des instructions pour la conduite de ses affaires intérieures. (Vif mouvement d'approbation.)

» On a prétendu que l'ordonnance du Roi portant nomination de nouveaux ministres était comme une pièce de monnaie qui porte le nom et les armes du prince. L'analogie n'est pas complette; et d'ailleurs quand on reçoit une pièce qui présente le nom de César, on la retourne encore pour voir si elle a toutes les qualités requises; on n'est pas destitué du droit d'observation (rire général d'assentiment).

On a parlé (et véritablement je croyais que cela n'aurait pas dû entrer dans la discussion), on a parlé d'un voyage récent fait par une auguste princesse. On a dit que cette princesse et ses parens, alliés de notre Roi, peuvent rendre bon témoignage des sentimens de tous les Français. Oui, Messieurs, la mère du duc de Bordeaux a été partout accueillie comme elle devait l'être par les Français, pour lesquels ce jeune prince est un objet d'espérance. Il n'aura pas vu l'ancien régime et l'émigration, il sera de son siècle; il apprendra que les Français qui aiment leurs princes, aiment aussi la liberté; que c'est un peuple fier et libre qu'il est appelé à gouverner. Sa mère a pu s'en convaincre par les acclamations qui ont retenti autour d'elle, et c'est ainsi que ce voyage peut faire partie de l'éducation du duc de Bordeaux. (Mouvement prononcé.)

»Quant à la maison de Naples, elle traversait laFrance; il était juste qu'elle reçût le tribut de nos respects. Quand des têtes couronnées traversent notre territoire, chaque Français, comme un maître de maison, veut faire les honneurs de son pays. Une heureuse sympathie a dû d'ailleurs se déclarer en voyant cette jeune et belle princesse se diriger vers un pays désolé par les factions. La France ne veut pas seulement le bonheur pour elle ; elle le souhaite aussi à ses voisins. Que la clémence aille s'asseoir sur le trône avec la nouvelle reine d'Espagne; tels sont les vœux qui l'ont accompagnée jusqu'à nos frontières. (Nouvelles marques d'une vive sensation.)

»La fin de l'article est relatif à des actes illégaux, et on en a parlé à cette audience pour la première fois. La défense est facile ; c'est celle des principes et de la loi. Et d'abord, quant aux taxes illégales, oui, je le déclare, elles ne devraient pas être payées, et, pour mon compte, si on me les demandait, je refuserais de les payer. Saisi dans mes meubles, c'est aux Tribunaux, Messieurs, que je viendrais comme en cet instant demander justice et protection; tout se réduirait à une question de propriété; car l'État n'a le droit de me demander que ce que la loi lui donne; le reste est à moi. Ainsi point de loi, point d'impôt. (*Une foule de voix dans l'auditoire* : Oui ! oui!)

» Quant à ces mots *baïonnettes intelligentes*, il n'y a là rien à reprendre. Oui, nos soldats actuels connaissent les lois; ce ne sont plus des *reîtres*, ce ne sont plus des hommes d'emprunt qui composent les armées; ce sont des hommes fidèles au Roi, et fidèles observateurs des lois de leur pays; soldats aujourd'hui, ils seront demain citoyens. A quoi leur servirait de voir augmenter leurs retraites, si c'était au prix du sacrifice de tous leurs droits, et si rentrés dans le foyer domestique on pouvait leur reprendre par des taxes illégales plus qu'on ne leur aurait donné. (Sensation profonde.)

» Messieurs, ne faisons point de prétoriens; aujourd'hui pour le roi contre les lois, plus tard ils pourraient être pour un usurpateur contre le roi lui-même. Tenons-nous aux principes; l'armée n'est instituée au dehors que pour la défense du territoire, au dedans que pour assurer force à justice et force à la loi. Il faut employer les braves à *choses faisables*, et l'on préférera toujours un Crillon à Tavanes, un vicomte d'Orthez à ceux qui ne craignirent pas de se faire bourreaux.

» C'est un mauvais jeu que d'employer des soldats à faire des coups d'État : les coups d'État, qui sont les séditions du pouvoir, ne lui réussissent pas mieux contre les lois, que les séditions du peuple contre la royauté. Qu'on en soit bien convaincu, il n'est pour les rois, comme pour les sujets, qu'un seul moyen de vivre en paix, c'est de respecter les droits de chacun; loi et justice pour tous!... Jamais, Messieurs, je n'eus plus de confiance dans votre arrêt. »

Cette réplique, d'une entraînante énergie, est suivie des marques éclatantes de la plus vive sensation.

M. Bertin aîné prend la parole, et dit :

« Messieurs, après avoir entendu l'habile défenseur qui a bien voulu se charger de vous démontrer que, dans l'article incriminé, il n'y a point d'offense à la dignité, à l'autorité constitutionnelle du Roi, vous n'attendez sûrement pas de moi que, sur la question qui m'amène devant vous, j'ajoute rien à une défense aussi complète; mais je crois devoir faire suivre cette défense de quelques mots sur ma position personnelle.

» Depuis trente ans que j'exerce ma profession honorable, mais hérissée de difficultés et pleine de périls, je puis me rendre ce témoignage que, dans les journaux dont j'ai été propriétaire et rédacteur en chef, jamais la majesté royale n'a été outragée, jamais je n'ai écrit ou laissé écrire (toutes les fois que j'ai été libre) une ligne, laquelle n'eût pour but la défense des principes qui pouvaient seuls, selon moi, rendre au souverain légitime son royaume usurpé, à la France ses libertés perdues. Me suis-je trompé dans l'expression de ces principes? Je ne le crois pas : ma conscience serait là pour démentir l'erreur de mon langage.

» Sans remonter, Messieurs, à des temps que déjà peu d'hommes ont vus, pour ne parler que du *Journal des Débats*, fondé par mon frère et par moi, il y a trente ans (ceux qui m'entendent ici savent si je dis la vérité), les ennemis du Roi m'ont d'avance, et depuis longues années, rendu cette justice, témoins les saisies, les fuites obligées, les exils, la prison, les déportations prononcées tant de fois contre moi, et par la république et par l'empire , comme partisan reconnu et déclaré de la maison de Bourbon.

» A Dieu ne plaise que je parle de ces choses pour me vanter ! Je n'ai fait que mon devoir en m'exposant aux dangers attachés à mon opinion : tant de Français ont souffert (et parmi ces Français que d'illustres victimes!); tant de Français ont rendu de plus importans services que les miens , qu'il me siérait mal , à moi citoyen obscur, de me faire un droit de quelques sacrifices ; mais forcé de repousser une imputation que j'ai peut-être le droit de trouver étrange , j'ai voulu seulement rappeler à mes juges que je ne suis point un ennemi du trône , et que ma vie passée doit entrer en considération dans les arrêts que l'on peut porter sur ma vie présente.

» La restauration me trouva , ainsi que mes associés , dépouillé de ma propriété du *Journal des Débats.* Les termes mêmes de l'acte de spoliation pourraient me servir de certificat de fidélité au Roi. Le 30 mars 1814, je me ressaisis, avec mon frère , de notre propriété, au nom même de ce Roi qui avait été le motif avoué de notre spoliation.

» Vous savez , Messieurs, comment la cause de la légitimité fut défendue dans le *Journal des Débats,* jusqu'au 20 mars 1815 , et particulièrement dans l'article même du 20 mars. Obligé, par suite de cet article (qui fut arrêté à la poste , mais distribué dans Paris), obligé de fuir encore une fois, je me retirai à Bruxelles, d'où je fus bientôt appelé à Gand, pour rédiger le Journal officiel du Roi : c'est le plus grand honneur et la plus noble récompense que j'aie pu recevoir. Là, sous les yeux mêmes du Roi, je continuai à combattre pour ces principes constitutionnels que la Charte royale avait proclamés, et que la dynastie légitime pouvait seule nous garantir. Louis XVIII approuvait ces articles, qu'un zèle trop ardent calomnierait peut-être aujourd'hui. La liberté s'était arrêtée, avec la légitimité , à quelques pas de la France : elle en rouvrit les portes à l'immortel auteur de la Charte.

» De retour dans ma patrie , je repris la rédaction du journal que j'avais fondé ; je n'ai cessé de défendre depuis les vrais intérêts de la royauté, qui ne me paraissent pas , désormais, avoir d'appuis plus solides que ceux des institutions octroyées par le monarque législateur.

»Alarmé pour ces grands intérêts, à la formation du ministère actuel, peu accoutumé à cacher mon opinion , surtout quand il y va de la monarchie, je chargeai un de mes collaborateurs d'exprimer sa douleur et la mienne. Après avoir fait à son article les corrections qui me parurent nécessaires , je demeure convaincu que mes équitables juges, qui ont entendu mon éloquent et savant défenseur , n'y trouvent pas le délit dont l'affligeante supposition m'amène au pied de leur Tribunal. Le sentiment même de cet article, s'il est vivement exprimé, est la preuve de ma loyauté comme de mon innocence.

» Je ne sais si ceux qui se croient sans doute plus dévoués que moi au petit-fils d'Henri IV, rendent un grand service à la couronne en amenant devant une Cour de justice des cheveux blanchis au service de cette couronne; je ne sais s'il est bien utile que des royalistes qui ont subi les peines de la prison pour la royauté, les subissent encore au nom de cette même royauté; mais enfin, Messieurs, si, par impossible, mon défenseur n'était pas parvenu à vous faire partager sa conviction et la mienne, j'ose me flatter que, d'après le peu de mots que je viens d'avoir l'honneur de vous adresser, aucun de vous, aucun de ceux qui m'entendent ne pourront croire qu'arrivé au terme prochain d'une pénible carrière, j'ai sciemment voulu offenser, outrager, insulter celui qui fut toujours l'objet de mon respect, de mon amour, j'allais presque dire de mon culte. »

Il a été facile de voir que ces paroles, prononcées avec gravité et avec l'accent de la plus intime conviction, ont plus d'une fois produit sur les magistrats une impression profonde.

M. le premier président : La Cour se retire pour en délibérer sur-le-champ.

MM. les conseillers ont à peine quitté leurs siéges, qu'on voit un respectable vieillard s'approcher de M. Bertin et lui serrer affectueusement la main : c'est M. de Montlosier. « Mon cher M. Bertin, lui dit-il, vous » venez de rappeler des souvenirs qui m'ont bien vivement ému. La dernière fois que je vous ai vu, c'était » au Temple ; car, vous le savez, nous y étions détenus » ensemble, *ad pias causas...* »

La délibération se prolonge pendant plus de trois heures. Cependant la salle et ses avenues sont toujours remplies par une foule considérable qui manifeste la plus vive anxiété. Enfin, la Cour rentre en séance, et M. le premier président, d'une voix ferme, prononce l'arrêt, dont voici le texte :

En ce qui touche la demande en sursis :

Considérant qu'aux termes de l'art. 4 de l'ordonnance du 11 octobre 1820, le roulement doit s'opérer de telle sorte qu'il y ait dans les chambres criminelles moitié au moins de membres qui aient déjà fait cette nature de service, et qu'à cet égard la condition légale a été remplie ;

Considérant que par l'art. 5, relatif aux chambres civiles, il n'y a de *changement obligé* dans leur composition que pour les membres qui y

auraient été plus de deux ans, et qui le réclameraient ; qu'aucune ré-
clamation n'a eu lieu dans l'assemblée des chambres ;

En ce qui touche l'appel du procureur du Roi :

Considérant que les premiers juges, en ne déclarant pas le prévenu
coupable du délit d'attaque contre l'autorité constitutionnelle du Roi,
ont, par le fait, implicitement écarté ce chef de prévention ; que l'appel
du procureur du Roi ne porte pas sur ce chef, originairement compris
dans la citation, et que, par conséquent, la Cour n'en a pas été saisie ;

En ce qui touche l'appel de Bertin aîné :

Considérant que, si les expressions de l'article incriminé sont incon-
venantes et contraires à la modération qu'on doit apporter dans la discussion des actes du gouvernement, elles ne constituent pas les délits
d'offense à la personne du Roi et d'attaque à la dignité royale ;

Sans s'arrêter à la demande en sursis, et faisant droit sur les appels
respectifs, met les appellations et ce dont est appel au néant ; émen-
dant, décharge Bertin aîné des condamnations contre lui prononcées ;
au principal, le renvoie de la plainte.

Ces derniers mots sont à peine prononcés que des bravos et des cris de *vive le Roi!* éclatent spontanément dans
toutes les parties de la salle et au dehors. Cependant on
s'aperçoit que M. Séguier veut parler et tout à coup le
calme le plus profond se rétablit.

M. le premier président : Les deux autres causes
sont renvoyées à huitaine.

Aussitôt les applaudissemens, les bravos et les cris de
vive le Roi! recommencent et se prolongent avec une nouvelle énergie.

M. Bertin aîné et son Avocat reçoivent les plus vives
félicitations. M^e. Mérilhou embrasse son confrère, et tous
les jeunes Avocats se pressent auprès de ces deux Ora-
teurs constitutionnels, à qui la France doit les deux belles
défenses qui viennent d'être couronnées par deux beaux
arrêts.

IMPRIMERIE DE PIHAN DELAFOREST (MORINVAL),
RUE DES BONS-ENFANS, N°. 34.

www.ingramcontent.com/pod-product-compliance
Lightning Source LLC
Chambersburg PA
CBHW051216050726
47594CB00007B/3241